Edith Erbrich

Ich hab' das Lachen nicht verlernt

Edith Erbrich

Ich hab' das Lachen nicht verlernt

Re Di Roma-Verlag

Bibliografische Information der Deutschen Nationalbibliothek:
Die Deutsche Nationalbibliothek verzeichnet diese Publikation in der Deutschen Nationalbibliografie; detaillierte bibliografische Daten sind im Internet über http://dnb.ddb.de abrufbar.

ISBN 978-3-96103-816-9

Umschlag / Illustrationen:
Edith Erbrich, Hans-Josef Rautenberg

Mitautor: Hans-Josef Rautenberg

www.rediroma-verlag.de
10,00 Euro (D)

Meiner Mama Susanna,
meinem Papa Norbert,
meiner Schwester Hella,
meiner Oma Paula,
meinem Opa Hugo,
meinem „Onkel“ Leo Sundheimer,
meinem „Onkel“ Hugo Reis,
meiner Lehrerin Fräulein Laufenberg,
meiner Freundin Ella,
meiner Freundin Madlen Horn,
meinen „stillen Helden“ und
den Menschen, die mich unterstützen

ist dieses Buch gewidmet.

Sie haben mich durch schwere Zeiten getragen und mich
nicht merken lassen, wie schwer die Zeit für sie war.

Edith Erbrich

Inhaltsverzeichnis

Anfang 1942
Zeil

Wie immer sind Heinz und Hella die ersten, wenn es darum geht, wer die besten Suppenknochen aus Omas legendären Nudelsuppe bekommt. Immer die Großen. Nur wenn ich mich auf den Schemel stelle, kann ich mir aus dem Topf einen Knochen rausfischen. Bis ich den geholt habe, sind die besten schon weg. Das lasse ich mir aber nicht gefallen. Ich fange einen Streit an, mein Cousin und Hella nehmen mich nicht richtig ernst und das nur, weil die größer sind als ich.

Sie veralbern mich, das macht mich wütend. Aber bevor ich so richtig wütend werden kann, kommt Oma und spricht IHR Machtwort: »Entweder ihr teilt oder ihr kommt getrennt!«

Obwohl sie jedes Mal das Gleiche sagt, hilft es immer. Denn getrennt voneinander sein, wollen meine Schwester, Heinz und erst recht ich nicht. Das wäre ganz schön langweilig, so den ganzen Tag über. Und wenn ich so nachdenke, streiten wir uns immer nur wegen der Suppenknochen. Aber Oma kocht doch so gut. Naja, jetzt hat ja jeder seinen Knochen zum Abnagen, aber das nächste Mal bin ich zuerst dran.

Ich sehe gerne meiner Oma beim Kochen zu. Es ist immer lustig, wir lachen viel zusammen. Sie sieht so schön aus, ihre langen Haare hat sie zu einer wunderschönen Frisur hochgesteckt. Ich mag das, aber wenn sie abends ins Bett geht, macht sie ihre schöne Frisur kaputt und schüttelt ihre langen Haare. Das gefällt mir überhaupt nicht, ich schlupfe da lieber zu meinem Opa unter die Decke, Hella kann ja bei Oma schlafen. Gut, dass mein Cousin Heinz abends nach Hause geht, der auch noch im Bett, wäre einfach zu viel. Ich schlafe gerne bei Opa, da fühle ich mich so richtig gut und sicher.

Ich höre Edith zu und habe alles um mich herum vergessen. Edith scheint es auch so zu gehen. Die Gefühle, die durch die Erinnerungen an ihre Großeltern bei ihr hochkommen, sind sehr stark und nehmen mich mit. Da wäre ich damals auch gerne mit dabei gewesen, bei dem Streit um die besten Suppenknochen. Ich sehe die kleine Edith vor mir, sie steht auf dem Schemel, kämpft um den besten Knochen. Ja, kämpfen hat sie gelernt und sie tut es bis heute noch! Wenn ich an ihren prallgefüllten Terminkalender denke und die vielen Gespräche, die wir führten ... Diese Wärme, die Edith bei ihren Großeltern erfahren hat, ist ihr bis heute erhalten geblieben. Sie erzählt, dass sie in bestimmten Situationen immer noch ihren Opa fühlt, seine Nähe. Edith: »Ich spüre heute immer noch meinen Opa und dann denke ich: Wenn Opa bei mir ist, kann mir nichts passieren.«

Dass wir gerade mitten auf der Zeil in Frankfurt stehen, umringt von Menschen, ist mir nicht so recht bewusst. Ich sehe das Gebäude, das jetzt an der Stelle steht, wo damals das Haus stand, wo ihre Großeltern lebten Es wurde während des Krieges zerstört. Sie hatten drei Kinder: Julius, Fanny und Norbert, der Vater von Edith. Der Stolperstein ihres Großvaters erinnert an die Familie, die hier lebte. Edith bückt sich, um den Gedenkstein mit einem Taschentuch zu säubern. Spontan will ich ihr helfen, aber etwas hält mich zurück. Ich merke, dass sie jetzt diesen Moment braucht, um bei ihrem Opa und ihrer Oma zu sein. Ihr bedeutet dieser Stein sehr viel und für uns sollte das auch so sein.

Wenn ich Edith so zuhöre, wird mir bewusst, dass es wirklich eine tolle Sache ist, so „eine richtige" Oma und „einen richtigen" Opa zu haben, egal, in welcher Zeit man lebt. Doch Edith Erbrich ist heute nicht mehr das kleine Mädchen von damals. Sie wirkt auch nicht wie eine zweiundachtzigjährige Frau. Sie ist auf eine besondere Art jung und voller Elan.

Am 28. Oktober 1937 kam sie im jüdischen Krankenhaus in der Gagernstraße in Frankfurt am Main zu Welt. Wuchs in Frankfurt auf, lebte zunächst in der Ostendstraße, dann im Hermesweg und vor der Deportation in der Uhlandstraße. Ich denke, dass ich privilegiert bin, denn Edith Erbrich erzählt mir ihre Geschichte. Es ist kein Vortrag, nichts ist aufgesagt, vorbereitet. Wenn sie erzählt, ist sie oft wieder das kleine Mädchen, dessen Leben anders verlief als meines heute und auch vieler anderer damals. Denn sie war die Tochter von Norbert Bär, der Jude war. Susanna, ihre Mutter, war Katholikin. Edith war mit ihrer Geburt ein „jüdischer Mischling“. So jedenfalls sahen es die Nürnberger Rassegesetze und das Reichsbürgergesetz von 1935 für sie vor.

Heute ist sie eine selbstbewusste, quirlige Frau, die rastlos in Schulen der jungen Generation aus ihrem Leben erzählt, ohne erhobenen Zeigefinger. Sie muss es auch nicht, denn die jungen Menschen werden von der Authentizität ihrer Schilderungen in den Bann gezogen. Sie merken schnell, was es für ein kleines Mädchen bedeutete, in der Zeit des Nationalsozialismus aufzuwachsen. »Ausgegrenzt« und »deportiert« sind für uns nur Worte, für Edith waren sie der Alltag, das Leben.

Ich habe Edith im Jahr 2012 kennengelernt. Seit dieser Zeit erzählen wir zusammen ihre Geschichte an Schulen für die Abgangsklassen und in Abendveranstaltungen für die Menschen, die sich mit uns erinnern wollen, damit »Ausgrenzung« und »Deportation« für uns nicht nur Worte bleiben.

Edith erzählt weiter, dass plötzlich, von heute auf morgen, ihre Großeltern verschwanden. Sie wurden mit dem Transport

XII/3 am 15./16. September 1942 nach Theresienstadt deportiert. Dort lebten sie in einem sogenannten „Siechenheim“, dafür hatten sie zuvor einen Vertrag auf Lebenszeit abschließen müssen. Für Unterkunft und Verpflegung in Theresienstadt in einem sogenannten Altersheim. Welch ein Zynismus. Unter diesem Vorwand hatte man den Juden ihr Hab und Gut genommen. Als Grund für die Deportation ihrer Großeltern wurde angegeben, dass sie angeblich gegen die Verordnung des Vermögens von Juden vom 26. April 1938 verstoßen hatten. Ihr Opa überlebte nicht, ihre Oma wurde am 7./8. Mai 1945 mit ihrem Sohn und ihren Ekelinnen Edith und Hella befreit.

Obwohl Nobert nach der Befreiung seine Mutter bat, gleich nach Hause mitzukommen, lehnte sie ab. Er solle sich zuerst um die Kinder kümmern und mit ihnen die beschwerliche Heimreise antreten, sie käme schon irgendwie zurück. Im Juni 1945 wurde sie vom Roten Kreuz zurück nach Frankfurt gebracht. Sie bewohnte bis zu ihrem Tod ein großes Zimmer in einem jüdischen Altenheim. Sie hatte keine großen Ansprüche, nur um eines bat sie: eine große Kochstelle, auf der sie in einem großen Topf eine schöne Nudelsuppe kochen kann, mit Suppenknochen drin, für Edith und Hella, die oft bei ihr nach der Rückkehr von Theresienstadt zu Gast waren.

Aber so „unbeschwert“ das Leben für Edith in der Ostendstraße in dieser Zeit noch war, weiß sie im Nachhinein, dass ihr Vater und ihre Mutter schwer zu kämpfen hatten, um die Familie mit Essen und Kleidung zu versorgen. Zwar war ihre Mutter eine sogenannte „Arierin“, aber da sie mit einem Juden verheiratet war, bedeutete das für sie ebenso Ausgrenzung. Das wurde auch bei Behördengängen offensichtlich.

Edith erzählt: »Als meine Mutter wegen einer verweigerten Kleiderkarte auf dem Wirtschaftsamt vorstellig wurde, bekam sie zur Antwort: ‚Hätten Sie den Jud nicht geheiratet! Lassen Sie sich scheiden!' Das ließ sich meine Mutter offenbar nicht bieten. In der Akte steht darüber: ‚Die B. hat sich auf dem Wirtschaftsamt ungebührlich betragen, da ihr aufgrund ihrer Zugehörigkeit zur jüdischen Religionsgemeinschaft die Kleiderkarte verweigert wurde. Sie wurde 21 Tage in Beugehaft genommen.'

Über diese 21 Tage hat meine Mama nie geredet. Sie hat immer zu uns gehalten.«

Sommer 1943
Ostendstraße

Die Plakate gefallen mir. Da sind ein Löwe, ein Elefant und viele Artisten. Was mir am besten gefällt, sind die kleinen Menschen, die kleiner als die anderen Artisten sind, ungefähr so groß wie ich müssen die sein. Die heißen Liliputaner, das steht da. Ich kann nicht lesen, aber ich weiß das, weil meine Mutti mir das vorgelesen hat.

Die sind lustig und haben viel Spaß und die sind gar nicht weit weg. Am Ende unserer Straße haben die ein großes Zelt und da stehen auch die vielen Wohnwagen.

Hella hat gesagt, dass ich da nicht hingehen darf. Aber was weiß die schon? Ich gehe zu dem Wohnwagen, der kleiner als die anderen ist, da wohnen die bestimmt drin. Vor dem Wagen steht jemand. Die Frau ist lieb und wenn ich so vor ihr stehe, ist sie genauso groß wie ich. Ich sage ihr, dass ich mitkommen will. Aber sie meint, dass ich nicht einfach so mitfahren könne. Wo meine Mama oder mein Papa seien, will sie wissen. Ich frage, ob ich mal in den Wohnwagen könne, mir alles ansehen. Klasse, sie nickt!

Es ist wie in einem Märchenland. Alles ist wie für mich gemacht. Ich setze mich auf die Bank und schau mir alles an. Den Herd, den Schrank, die Stühle, den Tisch. Hier will ich bleiben!

Was sich, ohne das Datum zu kennen, als nette kleine Anekdote aus einer geborgenen Kindheit liest, war damals alles andere als das. Die Menschen, mit denen Edith reisen wollte, waren in dieser Zeit genauso Ausgegrenzte gewesen wie sie und ihre Familie. Plötzlich stand ihr Vater gebeugt im Wohnwagen der Artisten, um Edith nach Hause zu holen. Als er ihr eine Ohrfeige verpasste, übrigens das einzige Mal, dass ihr Vater sie schlug, vermochte sie nicht zu begreifen, warum, nämlich, dass sie sich in große Gefahr gebracht hatte. Es war Sommer und sehr heiß, Edith war nur mit einem Hemdchen bekleidet zu dem Zirkus gegangen, keine Papiere, nichts. Wenn sie Leuten von der Gestapo aufgefallen wäre, dann hätte man sie womöglich sofort deportiert.

Edith: »Bis heute – man glaubt es nicht – liebe ich diese kleinen Menschen. Das ständige Verbieten war für mich damals sehr schlimm. Bei allem, was ich tun wollte, musste ich fragen. Da hörte ich immer, was ich beachten, wo ich vorsichtig sein musste. Das war schrecklich für mich.

Und dann kam der Zirkus zu uns in die Ostendstraße – für die damalige Zeit kaum zu glauben. Mich überkam die Sehnsucht, ich gehe mit den Menschen, die so groß wie ich waren, auf Reisen und meine ganzen Probleme sind gelöst. Ein Traum!

Aber Hella, die Petze, verriet mich bei meinen Eltern, worauf ich von meinem Vater zurückgeholt wurde.«

Edith erzählt, dass sie Anfang der 1970er Jahre einen Vergnügungspark besuchte, der damals mit der Stadt „Liliput" warb und einer Artistikshow mit diesen kleinen Menschen. Es war nicht einfach für sie gewesen, alleine dorthin zu kommen, da ihre Schwester noch mit wollte. Aber Edith hatte so ein Gefühl, dass sie das alleine machen müsse. Erste Reihe, bester Platz. Als die Show begann, hatte sie alles um sich herum vergessen. Sie lachte, sie weinte und sie träumte.

März 1944
Ostendstraße

Fliegeralarm, schon wieder! Habe ich den Voralarm überhört? Hella ist schon neben meinem Bett. »Los, Edith, mach schnell!« Mama und Papa laufen aufgeregt umher. Ich bin aber noch so müde. Gestern war doch auch nichts passiert. Ist mir egal, ob die Bomben fallen. Es ist kalt, ich will in meinem warmen Bett liegen bleiben. Schon wieder Hella, ich soll mich beeilen. Ja, ich mach ja schon. Was habe ich gelernt? Alles anziehen, was Mama mir abends für den Alarm hingelegt hat. Die Schuhe darf ich nachher nicht vergessen. Mama hat schon den Koffer in der Hand, Hella steht an der Tür, Papa kommt gerade.

Jetzt schnell in den Keller. Mama und Papa sind sehr aufgeregt. Immer wieder zieht jemand von denen an mir. Gott sei Dank wohnen wir nicht so hoch oben, da haben wir es nicht so weit in den Keller. Ich habe ja noch die Hausschuhe an! Obwohl der Alarm ganz schön laut ist, höre ich ein Grollen, die Flugzeuge. Ich kriege Angst. Als wir in den Keller kommen, sind schon viele unserer Nachbarn da. Keiner lächelt mich zur Begrüßung an. Die Kinder, mit denen wir immer spielen, wohnen im Nachbarhaus. Papa hat sich schon mit Hella und Mama hingesetzt. Mir ist kalt. Ich klettere auf den Schoß von Mama. Sie hält mich fest. Jetzt wird es mir warm. Ich bin so müde, doch ich habe Angst, die Flugzeuge kommen näher, das Grollen wird lauter.

Edith erzählt mir, dass in dieser Nacht das Haus, wo ihre Familie wohnte, sowie die ganze Ostendstraße in Schutt und Asche gelegt wurde. Edith wurde mit ihrer Schwester und ihren Eltern unter den Trümmern des Hauses verschüttet.

Ihr Vater konnte zusammen mit einem Nachbarn einen markierten Mauerdurchbruch, der für solch einen Notfall vorgesehen war, durchschlagen und somit einen Weg nach draußen schaffen. Da die ganze Ostendstraße von diesem Bombardement betroffen war, lagen natürlich vor diesem Notausstieg auch noch Trümmer, die zusätzlich aus dem Weg geräumt werden mussten. Die Liebe zu ihren Familien verlieh den beiden eine unglaubliche Kraft und den Willen, das schier Unmögliche möglich zu machen und nach einer sehr langen Zeit einen freien Weg zum Garten zu schaffen.

Als jedoch ihr Vater als erster den Garten betrat, ging eine Brandbombe los. Gott sei Dank blieb er unverletzt, aber er wich vor Schreck einen Schritt zurück. Edith erinnert sich, dass sie direkt hinter ihrem Vater war und sie dann von ihm fast in die große Waschbütt, vollgefüllt mit Wasser, gestoßen wurde. Da jeder der Verschütteten in den Garten hinausdrängte und dadurch eine Art Panik entstand, wäre das vermutlich nicht bemerkt worden. Aber ihre Mama hatte sie davor bewahrt.

Draußen erwartete sie ein Flammenmeer. Edith berichtet, die Ostendstraße, wie sie sie kannte, existierte nicht mehr. Es gab einen großen Funkenflug und Edith erzählt weiter, als ihre Mutter bemerkte, dass sie noch ihre Hausschuhe trug, sie diese durch eine Pfütze zog, damit sich nicht in Brand gerieten.

Überall liefen Menschen umher, die nach Angehörigen und Freunden suchten. Viele hatten Verbrennungen und schrien laut. Es war ein Bild des Grauens. Edith ist sichtlich bewegt. Mir geht es nicht anders.

Da ein Zurück in die völlig zerstörte Wohnung in der Ostendstraße, die im sogenannten jüdischen Viertel lag, nicht mehr möglich war, kam die Familie Bär in einem Keller im Hermesweg unter. Leider bedeutete das auch, dass die Bärs aus ihrer gewohnten Umgebung gerissen wurden. Bekannte und Freunde waren nun weit entfernt. Nach kurzer Zeit wurden alle schwer krank. Edith findet es seltsam, dass sie sich an vieles erinnern kann, lediglich die Zeit im Hermesweg ist für sie nicht greifbar. Als ob diese Zeit nie existiert hätte.

Doch krank bedeutete damals nicht, zu Hause bleiben zu können, besonders nicht für die Eltern von Hella und Edith. Ediths Eltern führten eine sogenannte »privilegierte Mischehe«. Ein Jude verheiratet mit einer Katholikin. Doch dieses »privilegiert« bedeutete im damaligen Leben nichts. Bis zu Ediths Geburt hielt ihr Vater die Familie nur durch Gelegenheitsarbeiten über Wasser, die ihm Freunde immer wieder anboten, alle natürlich illegal.

Als er dann ein Jahr nach Ediths Geburt eine Hilfsarbeiterstellung bei der jüdischen Wohlfahrtspflege angeboten bekam, besserte sich ihre Situation ein wenig. Aber auch das reichte vorne und hinten nicht. Er war weiter auf die Hilfe von Freunden und Gelegenheitsjobs angewiesen. Ob es Botendienste waren, putzen beim Kirchenbauer in der Worschtküch', Kartoffeln »einsacken« für das Gemüsegeschäft Schönbach an der Obermainanlage oder bei Nacht und Nebel Aushilfe im Milchladen Hau in der Oskar-von-Miller-Straße.

Edith: »Für nichts war sich mein Vater zu schade, er nahm alles, was er kriegen konnte. Ich habe ihn immer bewundert für seine handwerkliche Begabung, obwohl er, genau wie ich auch, von der Linie väterlicherseits eine genetisch vererbte Behinderung an Händen und Füßen hatte. Seine Schrift mochte ich sehr.

Meine Mutter, die bis zu ihrer Dienstverpflichtung 1943 Hausfrau war und uns großzog, putzte jede freie Minute, um so das Wenige etwas 'weniger' werden zu lassen. Dazu kam auch immer die Hilfe von guten Leuten, so nannte meine Schwester Hella die Bekannten unserer Mutter. Die kamen meist nachts, wenn die Fenster schon verdunkelt waren, und brachten uns etwas zu essen.

Aber davon bekamen meine Schwester und ich nichts mit. Meine Eltern schafften es, dass wir sehr lange fast wie richtige Kinder aufwachsen konnten. Uns war nicht bewusst, dass Lebensmittel knapp waren.

So kam es, dass Hella und ich wussten, dass eine Lage Eier in einer Schublade in unserem Büfett lag. Unsere Freundin aus dem Nachbarhaus und wir kamen auf die Idee, daraus ein schönes Essen zuzubereiten. Da die Schublade nicht zu öffnen war, entweder klemmte sie oder sie war abgeschlossen, zogen wir das darüber liegende Schubfach heraus. Ich war die Kleinste von uns dreien und wurde nun von den anderen beiden in die entstandene Öffnung hineingeschoben. So schaffte ich es, die Eier einzeln aus der Schublade darunter herauszufischen. Das Essen war natürlich nicht genießbar und das Donnerwetter am Abend nicht von schlechten Eltern. Heute weiß ich, dass meine Eltern nicht wegen der Eier böse auf uns waren, sondern dass es die Angst war, dass nun das Essen nicht mehr reichen würde.

Unsere Freundin aus dem Nachbarhaus in der Ostendstraße stammte aus einer nichtjüdischen Familie. Uns dreien war es egal, wir spielten zusammen, einfach, weil wir uns mochten.«

Doch das Haus in der Ostendstraße gab es nun nicht mehr. Die Jugendfreunde von Ediths Vaters, Hugo Reis und Leo Sundheimer, verhalfen der Familie Bär einige Wochen nach dem Bezug der Kellerwohnung im Hermesweg zu zwei kleinen Mansarden in der Uhlandstraße 60. Sie lagen nur fünf Minuten von der Ostendstraße entfernt. So konnte die Familie Bär wieder im jüdischen Viertel wohnen, in der vertrauten Umgebung mit ihren Freunden und Bekannten.

Die beiden besten Freunde ihres Vaters, Hugo Reis und Leo Sundheimer, wurden am selben Tag mit dem gleichen Transport nach Theresienstadt deportiert.

Edith: »Jetzt konnte meine Mama nach der Arbeit zur nahegelegenen Ostendstraße gehen und in den Trümmern nach brauchbaren Sachen suchen. Sie fand auch – oh Wunder – einen Fleischwolf. Den hatte sie noch viele Jahre in Gebrauch, ich denke, auch als Erinnerung an die schlimme Zeit.

Manchmal nahm unsere Mutti Hella und mich mit. Ich suchte verzweifelt meinen Teddy, den ich über alles geliebt habe. Ich spielte lieber mit dem Teddy als mit Puppen. Hella und ich hatten von unseren Großeltern jeder eine echte Käthe-Kruse-Puppe geschenkt bekommen. Hellas ist im Hof in der Ostendstraße kaputtgegangen, meine ging beim Bombenangriff kaputt. Das machte mich nicht so traurig wie der Verlust von meinem Teddy. Ich suchte mit meiner Mutti in den Trümmern nach ihm, aber er war verbrannt.«

WINTER 1944
UHLANDSTRAẞE – HONSELLBRÜCKE

Schon wieder kalt. Mama und Papa nicht da. Hella schaut mich an, klar, was sie jetzt von mir will. Nur vier Straßenbahn-Haltestellen entfernt ist die Kohlehandlung. Der Schlitten steht bereit. Den hat mein Papa selbst gebaut, aus Holz, von der Arbeit. Mama und Papa werden heute Abend wieder mit uns schimpfen, das ist mir und bestimmt auch Hella klar. Hella nimmt den Schlitten und ich die Taschen. Wir machen uns auf den Weg. Natürlich dürfen wir nicht mit der Straßenbahn fahren, das wissen wir und außerdem haben wir eh kein Geld. Die vier Haltestellen zu laufen, ist nicht weit. Bevor wir aus der Tür gehen, stecken wir die Sterne in unsere Taschen.

Es dauert nicht sehr lange und wir stehen an unserem Platz, wo wir immer stehen, wenn wir Kohle aufsammeln. Zuerst finden wir nur ganz kleine Stücke. Aber besser als nichts. Die Kohlefahrer fahren ab und zu an uns vorbei, aus der Kohlehandlung kommend. Manche der Fahrer kennen uns, die geben noch mal richtig Gas und nehmen mit Schwung die Kurve. Da fallen auch schon mal ein oder zwei ganze Briketts von Laster. Da wird nicht lange gefackelt. Schnell in die Taschen damit. Wenn der Platz knapp wird, dann kommen die kleinsten eben wieder in den Rinnstein.

Ein Mann schaut zu uns her. Er kommt näher. Er sagt, dass er unsere Taschen haben will, in denen wir die Kohle transportieren. Hella und ich sehen uns an. Wir wissen nicht, was wir tun sollen. Einfach weglaufen geht nicht, wegen des Schlitten und der Kohle. Da hält ein Kohlelaster neben uns und der Fahrer darin schreit den Mann an, der unsere Kohle will. »Lass die Mädchen in Ruhe und wenn die Mädchen morgen nicht wieder hier sind und ich erwische Sie, dann schmeiße ich Sie von der Brücke!« Der Mann geht weiter. Hella und ich schauen uns an. Ich will jetzt ganz schnell nach Hause und Hella wohl auch. Wir müssen ja noch die Kohle in den fünften Stock in unsere Wohnung tragen, denn unten lassen, bis unsere Eltern kommen, können wir sie nicht. Da klaut sie noch wer. Was wir auf keinen Fall zu Hause vergessen dürfen, ist, die Sterne an unseren Mänteln wieder zu befestigen.

Edith nennt die Menschen, wie den Fahrer des Kohletransporters, der Hella und ihr damals beigestanden hatte, ihre „stillen Helden".

Sie erzählt: »Der Kohle-Fahrer setzte damals sein Leben aufs Spiel, als er uns beschützte. Denn der Mann, der uns die Kohle abnehmen wollte, konnte jemand sein, der selbst Not litt, oder aber auch einer in Zivil von der Gestapo. Die Männer wussten genau, wer wir waren. Denn normalerweise waren Kinder in unserem Alter in der Schule, also mussten wir jüdische Kinder sein. Auch wenn wir den Judenstern entfernt hatten – den Mut, den Stern abzumachen, hätte ich heute nicht mehr – war das für jeden damals klar. In was für eine Gefahr sich der Mann begab … Er hatte bestimmt auch Familie.«

Edith erzählt weiter, dass es natürlich am Abend wieder ein Donnerwetter von Mama und Papa gab. Aber insgeheim waren sie und ihre Schwester froh, dass die beiden jeden Abend nach Hause kamen. Denn das war niemals sicher. Beide mussten Arbeitsdienst leisten und konnten jederzeit verhaftet werden. Edith weiß heute, dass ihr Vater den Schlitten aus den Resten von Särgen zimmerte. Eine seiner Hauptaufgaben als Zwangsarbeiter war es, Leichen aus den bombardierten Häusern und Stadtvierteln zu bergen und zum Friedhof zu schaffen.

Edith sagt: »Mein Papa war ein besonderer Mann. Er konnte alles, er war sich für nichts zu schade. Für jedes Problem hatte er eine Lösung. Und er machte uns immer Mut. Ich bin sehr stolz auf meinen Papa!«

Edith steht mit mir vor einem Haus in der Uhlandstraße. Ein kleines Schild zeigt in weißer Schrift auf blauem Grund die Hausnummer 60. Die beiden kleinen Mansardenzimmer gibt es nicht mehr, sie wurden zu einer geräumigen Wohnung umgebaut. Hier lebte Edith mit ihrer Familie bis zur Deportation und zunächst auch nach ihrer Heimkehr.

Die wenigen, unbeschwerten Momente, die Edith und ihre Schwester in der Ostendstraße noch hatten, verschwanden mit der Zerstörung der Wohnung. In der Uhlandstraße wurde Edith und Hella nun vollends bewusst, dass sich vieles verändert hatte, und sie merkten, dass sich alles weiter verschlechterte. Auch schafften es ihre Eltern nicht mehr, das ganze Geschehen von ihnen fernzuhalten.

Edith: »Ich bekam nun doch einige Gesprächsfetzen der Erwachsenen mit: Kinder sind nun mal neugierig – Arbeitslager – die Abreise der Tante – das ungewisse Schicksal von Oma und Opa. Dann die ständigen Verhaltensregeln der Eltern: Macht dies nicht! – Passt auf! – Fallt nicht auf! – Vergesst den Stern nicht!

Hella, die vier Jahre älter ist als ich, musste auf mich achtgeben. Mutter sagte immer zu ihr: Pass auf die Kleine auf!

Wer Geschwister hat, weiß, was das bedeutet. Mir passte das überhaupt nicht, da ich sehr freiheitsliebend war und bin. Hella war nun meine Mutter, sie machte den Haushalt, übersauber, alles korrekt. Ich war nicht immer bereit, so ordentlich zu sein. Es gab oft Streit und ich hatte eine ausgeprägte Stimme, wenn

Hella mich maßregelte. Die Nachbarn sagten meiner Mutter dann, wenn sie von der Arbeit kam, dass die Kleine wieder geschrien hat.«

Edith weiß heute, dass ihre Schwester damals mit ihren elf Jahren eine riesige Verantwortung trug. Aber das war damals normal, sagt sie.

Edith: »Schlimm waren immer wieder die Bombenangriffe. Mit gepackter Tasche, in denen unsere Papiere waren, in den Luftschutzkeller, ohne unsere Eltern, die ja im Arbeitsdienst waren. Vom fünften Stock in den Keller. Wir waren ja noch Kinder und unterernährt, es gab nicht viel zu essen. Lebensmittel auf Karten, weniger als für die übrige Bevölkerung. Manchmal brachte mein Vater eine kleine Schüssel Suppe mit einer Wurst mit – eine Kostbarkeit – die wurde zu viert geteilt.«

14. Februar 1945
Uhlandstraße – Großmarkthalle

Mein Papa sitzt am Tisch. Einige Zettel liegen vor ihm. Er weint, Papa hat noch nie geweint. Meine Mama tröstet ihn und sagt: »Wir müssen stark sein. Du hast doch uns.« Warum weint Papa? Meine Schwester Hella sitzt auch am Tisch. Auch sie sieht traurig aus, genau wie meine Mama.

Papa meint, dass er mit mir und Hella heute Mittag um zwei Uhr zur Großmarkthalle am Ostbahnhof gehen muss. Ich kann nicht lesen, doch Papa meint, dass wir Zahn- und Schuhbürste brauchen werden, sowie Essbesteck, Essgeschirr und feste Schuhe. Wir fahren mit den Zug weg, Papa muss weiter entfernt arbeiten. Mama meint, dass sie uns für die Fahrt etwas zum Essen einpackt. Mama sagt, dass sie nicht mitkommen darf, obwohl sie das will. Das verstehe ich nicht!

Als wir losgehen, ist die Straße voller Menschen. Alle tragen sie Koffer, so wie mein Papa und meine Mama.

Meine Mutter geht mit uns zur Großmarkthalle. Dort steht ein Zug mit Waggons, normalerweise sind da Tiere drin. Überall sind Leute, einige sind von der SS. Wir sollen einsteigen. Mama war immer bei mir und für mich da – nur in den Waggon einsteigen, das darf sie nicht.

Nachdem sich die Schiebetüren der Waggons schließen, werden sie noch einmal geöffnet. Einer der SS-Männer ruft: »Hebt die zwei Mädchen hoch, ihre Mutter will sie noch einmal sehen!« Da sehe ich meine Mutter weinen. Ich muss auch weinen. Dann schließt sich die Tür mit einem lauten Schlag.

Ich weiß nicht, wie viele Menschen mit uns in dem Waggon sind, 30 oder 40? Es ist fürchterlich eng, dunkel und kalt, nur ein kleines Fens-

ter. Man kann während der Fahrt durch die Holzbalken die Erde sehen.

Wie lange wir unterwegs sind, ich weiß es nicht. Wir müssen im Zug essen, schlafen und auf das Klo. Waschen und Sonstiges ist unmöglich.

Der Zug hält. Wir müssen alle aus dem Waggon raus. Wir werden auf ein Feld getrieben. Die, die nicht mehr selbst laufen können, werden getragen, einige bewegen sich nicht mehr. Dann sollen wir wieder einsteigen, viele bleiben auf dem Feld zurück. Die schweren Türen schlagen erneut zu. Als der Zug losfährt, sind nicht mehr alle mit dabei. Ich kuschele mich mit Hella an meinen Vater, ich habe Angst und sehne mich nach meiner Mutter.

Edith und ich besuchen gerade die Erinnerungsstätte an der Frankfurter Großmarkthalle. Die Honsellbrücke ist nicht weit entfernt. Wir stehen auf dem einer kleinen Brücke, von der aus wir die Gedenkstätte gut überblicken können. Ihr zu Ehren wurde dieser Übergang „Edith-Erbrich-Steg" genannt.

Ich kann nur erahnen, wie es am 14. Februar 1945 ausgesehen haben muss, als Edith sich mit ihrer Familie auf den Weg machte, von der Uhlandstraße in Richtung Großmarkthalle. Aber sie erzählt es so klar und eindringlich, fast glaube ich, ich stehe in einem Haus entlang dieses Weges, an einem der vielen Fenster, und beobachte aus sicherer Entfernung das Geschehen.

Und doch ist es nicht so. Mir kommt es so vor, als ob ich neben Edith und ihrer Familie herlaufe. Ich sehe ihre kleine Hand, die sich fest an die ihrer Mutter klammert. Ich spüre, dass sie Angst hat, wenn sie die Hand ihrer Mutter nicht fest genug hält, sie womöglich zu verlieren. Ich würde der kleinen Edith gerne helfen, aber es ist wie in einem Albtraum, nichts kann ich tun. Ich kann nur zusehen und erkennen, dass ich niemals einem Menschen wünsche, in eine solche Situation zu kommen.

Edith erzählt: »Der Abschied von meiner Mutter war einer der schlimmsten Momente in meinem Leben. Ich schaute sie den ganzen Weg an, ich wollte mir ihr Gesicht so einprägen, dass ich es niemals vergessen würde.

Die Fahrt nach Theresienstadt war vom Schließen der Türen an von Angst und Heimweh geprägt. Trotz der Gefahr hat mein Vater es geschafft, Postkarten in den Zug zu schmuggeln, sowie ein Bild meiner Mutter. Wie es ihm gelang, bleibt sein Geheimnis.

Diese Karten hat mein Vater, als er sie schrieb, zum Teil mit Datum und Uhrzeit versehen und dann aus dem kleinen Fenster geworfen. Oh Wunder, diese Karten kamen bei meiner Mutter an. Er schrieb, bis wir im Konzentrationslager ankamen, dann war Schluss.

Aber es ist erstaunlich, es muss Menschen gegeben haben, die die Karten fanden und nach Hause schickten, in die Uhlandstraße. Diese Menschen waren sich bewusst, woher die Karten kamen.

Ich habe die Karten noch im Original. Wenn man die Karten liest, dann kann man kaum glauben, dass wir auf dem Weg in ein Konzentrationslager waren. Mit so viel Liebe und Zuversicht sind die Karten geschrieben. „Uns geht es gut", „Mit tausend Grüßen und Küssen, deine Hella und Edith", mit solchen Worten wollte mein Vater meiner Mutter ein Gefühl der Sicherheit geben.«

Sie erzählt, dass viele Menschen damals an den Straßenrändern gestanden haben oder aus den Fenstern zuschauten, wie sich die jüdischen Mitmenschen auf den Weg zur Großmarkthalle machten. Viele beschimpften und bespuckten sie. Andere standen still am Fenster.

Februar-Mai 1945
Theresienstadt

Der Zug bleibt stehen. Es dauert ein bisschen, dann öffnen sich die Türen. Die frische Luft, auch wenn sie kalt ist, tut gut. Das Licht blendet mich. Ich habe große Angst vor dem, was jetzt kommt. Eine laute Stimme sagt, dass wir aussteigen sollen. Mein Vater nimmt den Koffer. Draußen ist es unheimlich. Alles voller Menschen, Hella und ich drängen uns an Papa.

Kaum sind wir draußen, wieder diese laute Stimme. Sie sagt, dass wir uns jetzt aufteilen müssen. Ich will es nicht glauben, wir sollen von Papa wegkommen. Ich klammere mich an ihn, Hella tut das auch. Ich sage Papa, dass ich bei ihm bleiben will. Er schaut uns nur an, sagt nichts. Ich spüre Hände, die mich von ihm wegreißen wollen. Ich wehre mich, doch meine Kraft reicht nicht aus. Hella passiert das gleiche. Ich kann nichts machen. Ich werde weggezogen, ich sehe Papa, jetzt ist er weg. Hella ist noch da.

Edith erzählt: »In den Konzentrationslagern war es zu dieser Zeit so angeordnet, dass Frauen und Männer getrennt und Kinder nach Alter und Geschlecht getrennt wurden. Die Trennung von meinem Vater war ein großer Schock für mich und auch wohl für Hella gewesen. Wir wurden im wahrsten Sinne des Wortes auseinandergerissen. Das war das einzige Mal, dass ich meinen Papa hilflos gesehen hatte. Er strahlte immer diese absolute Zuversicht aus, hier aber wirkte er verstört, fast apathisch. Mein Papa fing sich jedoch wieder, er hatte eine innere Stärke, die ich bis heute bewundere.

Wir bekamen unsere wenigen Habseligkeiten abgenommen, wir wurden entlaust, die Haare wurden uns bis über die Ohren abrasiert.

Das Wort „Duschen" bereitete mir entsetzliche Angst, denn in der Erinnerung hatte ich immer wieder Gespräche der Erwachsenen im Sinn. Es war so schrecklich, denn die SS-Männer machten sich lustig über schwangere Frauen und Frauen, die ihre Tage hatten. Da wir alle nackt waren, durften die Frauen noch nicht mal Bindengürtel nehmen und diese miesen und fiesen Kerle lachten darüber. Wir konnten über nichts mehr lachen.

Man muss sich mal vorstellen, ich war ja noch nicht aufgeklärt. Mit so einer Situation fertig zu werden, war schwer, denn ich konnte ja nicht fragen, Mama und Papa waren ja nicht bei mir. An der Tür zum Duschraum stand eine Wärterin, Frau O. Ich erkannte sie, sie wohnte früher mit uns in der Ostendstraße, eine Jüdin. Sie war sehr freundlich zu mir, was ungewohnt war. Als ich zum Duschen aufgerufen wurde, bin ich ohnmächtig geworden.

Aufgewacht bin ich in einem für mich riesigen Saal und schrie. Ich rief nach meiner Schwester. In der Zeit, bis man sie fand und zu mir brachte, dachte ich, jetzt ist alles aus. Es war die Hölle für mich.

Als Hella dann kam, erkannte ich sie nicht sofort, weil sie auch keine Haare mehr hatte. Hella bläute mir ein: Heul nicht, sei ruhig, sonst kommen wir weg und werden getrennt. Daran zu denken, jagt mir heute noch einen Schauer über den Rücken, denn meine damalige Angst kann ich nicht in Worte fassen.

Wir kamen dann zusammen in eine Gruppe älterer Mädchen. Wir bekamen auch eine Art Ausweis mit einer Nummer. Aus meinem geht hervor, dass ich in der Hauptstraße 10 wohnhaft war und die Nummer 1-XII/10 hatte. Der Ausweis wurde am 20. Februar 1945 ausgestellt. Die Nummer war unsere Transportnummer.

SCHULE

Ein erneutes Drama bahnte sich für mich an: lernen! Von Buchstaben und Zahlen hatte ich ja keine Ahnung, denn ich war ja nie in der Schule gewesen.

Es war in Theresienstadt verboten, Kinder zu unterrichten, heimlich jedoch fand ein Unterricht statt. Der Unterricht flößte mir Angst ein, ich empfand die „Lehrerin" als streng, Hella nicht. Wir saßen an einem Tisch, vielleicht 20 bis 30 Mädchen. Wir hatten einen Bleistift und ein Stück Packpapier, Karton oder Zeitungspapier. So etwas war zu diesem Zeitpunkt noch vorhanden, später gar nichts mehr. Das war erbärmlich, nichts, gar nichts mehr war vorhanden. Ein Bleistiftstummel war eine Kostbarkeit. Zwei Kinder teilten sich oft einen Stift.

Vergessen werde ich nie, als wir das Gedicht „Frühling lässt sein blaues Band" von E. Mörike auswendig lernen mussten. Immer und immer wieder, ich kann es bis heute nicht hören. Wenn kein Unterricht war, haben Hella und ein anderes Mädchen mit mir alles auswendig gelernt. Es war ein verstecktes Lernen. Niemand durfte es wissen, was wir heimlich taten. Das Auswendiglernen und Behalten hat mir später im Berufsleben sehr geholfen, war aber unter solchen Bedingungen unangenehm.

Schlimm waren nachts die Albträume, die mich quälten. Angst vor dem neuen Tag, vor dem Lernen. Die Namen der Mädchen, die mit mir lernten, habe ich vergessen. Ich weiß noch, es gab nie Streit, denn jeder wusste, so klein, wie wir waren, wir wollten Frieden und haben uns gegenseitig geholfen.

Leben im Lager

Einmal in der Woche durfte uns unser Vater zum Spazieren gehen abholen. Er bat uns immer wieder eindringlich noch auszuhalten, es werde alles gut.

Woher er in dieser Zeit die Zuversicht und Kraft nahm, ich weiß es nicht. Ich versprach ihm, alles dafür zu tun, doch dieser Hoffnungsschimmer lag in weiter Ferne. Ich hatte immer Angst, dass ich es nicht schaffe, dass ich das Eingesperrt sein nicht mehr aushalten würde. In der Zeit, als wir im Konzentrationslager Theresienstadt waren, sind die Rationen so gering gewesen, wie man es sich nicht vorstellen konnte. Zu den Essensausgaben mussten wir unsere Marken mitnehmen. Obst und Gemüse gab es überhaupt nicht, auch keine Milchprodukte. Pferdefleisch nicht mehr als 25 Gramm pro Person. Kaffee war aus gebrannten Gerstenkörnern. Es gab entweder Linsen oder immer wieder Graupensuppe aus Suppenpulver mit Wasser, ekelhaft. Oder es gab ein bis zwei Kartoffeln mit einer dünnen Sauce und ein kleines Stück Fleisch, das man mit einem Bissen verschlungen hatte.

Zwei Mal die Woche wurde Brot verteilt, an Kinder und Jugendliche ein dreiviertel Brot, ungefähr ein Kilogramm schwer. Alle zehn Tage gab es Zucker, ein Säckchen mit 100 Gramm. Das waren ungefähr zwei Teelöffel am Tag. Ein Stückchen Margarine und manchmal auch einen Löffel Marmelade. Oft schlang ich alles auf einmal herunter, nur um das Gefühl zu haben, satt zu sein, so wie viele andere Menschen um mich herum auch.

Papa mit Essen versorgen

Eines Tages bekamen wir wieder so eine Wassersuppe und ein Kaffeestückchen mit einer Pflaume drauf dazu. Durch Zufall entdeckte Hella unseren Vater, der vor unserem Fenster die Straße kehrte. Sie kam auf die „tolle Idee": »Wir teilen uns das Stückchen und das andere bringe ich Papa, er braucht doch etwas zu essen, er ist so abgemagert.«

Es war nicht das Teilen, das uns Angst machte, sondern dass wir erwischt werden würden, denn dies war jederzeit möglich. Es gab ständig Kontrollen und es war verboten, den Raum zu verlassen. Ich war natürlich einverstanden, dass wir unserem Papa etwas zu essen bringen. Hella sagte der Aufseherin, dass sie auf die Toilette müsse. Dass sie es schaffte, durch die ganzen Kontrollen zu kommen, war ein Wunder, aber die Angst, die ich hatte, war fast nicht zu ertragen. Sie kam heil zurück, aber sie musste mir versprechen, so etwas nicht wieder zu tun. Denn die Gefahr, dass Hella geschnappt werden würde, war viel zu groß. Ich hatte große Angst, alleine zurückzubleiben. Das kann man schlecht nachvollziehen, wenn man es nicht selbst erlebt hat.

Obwohl ich so jung war, wusste ich, dass Transporte von Theresienstadt weggingen. Wohin die Transporte führten, wusste ich nicht. Wenngleich ich nicht wusste, was Auschwitz bedeutete, war die Angst übermächtig, dass man Hella und mich trennen würde.

Läuse

Es dauerte nicht lange, da bekamen wir Läuse. Wir versuchten selbst, der Plage Herr zu werden, ohne jemandem etwas zu sagen. Woher Hella einen Läusekamm aufgetrieben hatte, weiß ich nicht. Aber es dauerte nicht lange und alle Mädchen hatten Läuse.

Wir wurden entlaust und mit einer auf der Haut brennenden Flüssigkeit eingerieben. Man kann sich nicht wirklich vorstellen, wie schlimm das war. Es wurde nie erklärt, was und warum es passierte. Wir waren ausgeliefert und blieben mit unseren Ängsten allein.

Trennung von Hella

Es kam der Monat März und ich wurde doch von Hella getrennt, da Kinder ab zehn Jahren arbeiten mussten. Mein Vater und Hella redeten auf mich ein, ich solle tapfer und vernünftig sein und dass sie mich bald holen würden.

Ich bekam eine neue Aufseherin. Ein Unglück! Sie drohte mir ständig, dass ich zu den Babys kommen würde, wenn ich nicht bald lesen und schreiben könne. Wie denn? Ich hatte es doch nicht gelernt. Ich denke heute, sie wollte sich nur einen Vorteil verschaffen, sie war doch selbst eine Gefangene, doch das ist nur eine Vermutung. So grob hätte sie nicht sein dürfen, denn wir waren doch kleine Kinder.

Hella

Hella war zu Arbeiten an den Außenanlagen eingeteilt. Unkraut jäten, Steine klopfen und Gruben ausheben zählten, mit vielen anderen Dingen, zu ihren Aufgaben. Für eine elfjährige unter verheerenden Bedingungen – nicht zu begreifen.

Doch es kam noch schlimmer. An einem Tag bekam das Arbeitskommando, dem Hella angehörte, eine Belohnung von den Blockführern versprochen, wenn sie eine Grube besonders schnell und gut ausheben würden. Sie versprachen einen ganzen Waggon voller Süßigkeiten! Hella überlegte schon, wie sie heimlich einiges davon zu mir bringen konnte.

Als am nächsten Tag der Zug einfuhr, stand das Arbeitskommando, das aus lauter jungen Mädchen bestand, bereit. Als der vierte Waggon vor ihnen zum Stehen kam, warnten die Aufseher, dass sie achtgeben sollten. Wenn die Tür sich öffnet, könnten die Kinder, die zu nahe am Waggon stehen, durch herausfallende Süßigkeiten verletzt werden. Als die Türen sich öffneten, roch es seltsam. Statt der Süßigkeiten waren Leichen im Waggon. Ich hatte es sehr schwer in Theresienstadt, doch was meine Schwester da erleiden musste, ist für mich unfassbar.

Aber das perfide Spiel der Wächter und Aufseher ging weiter. Eine Delegation des Internationalen Roten Kreuzes inspizierte das Lager am 6. April 1945. Hella erinnert sich genau: Ihre Gruppe wurde festlich angezogen und es wurde ihnen sehr deutlich gesagt, was sie zu tun und zu lassen hätten. Es gab ein Theaterstück, „Das Glühwürmchen", welches von Jungen und Mädchen aus Theresienstadt aufgeführt wurde.

Hella war ausgesucht worden, auf einem Stuhl an den Tischen zu sitzen, die mit reichlich Essen und Süßigkeiten gedeckt waren, das sie nicht essen durften.

Wurden sie von einem Delegationsteilnehmer gefragt, ob sie denn keinen Hunger hätten, antworteten Hella und die anderen Kinder, sie würden den ganzen Tag über so viel zu essen bekommen, dass sie jetzt keinen Hunger hätten. Vor lauter Angst traute sich keiner, etwas anderes zu sagen, geschweige denn, etwas von dem Essen zu nehmen.

Als die Delegation weg war, wurde alles abgeräumt und alle bekamen die sauberen Kleider und guten Schuhe wieder abgenommen und gegen die Sackkleider und Holzschuhe eingetauscht, die wir jeden Tag tragen mussten.

Was ich bis heute nicht verstehen kann, keiner dieser Herren hat angeblich von dem Schwindel etwas bemerkt. Die Kinder mussten damals ausgehungert und verstört gewesen sein. Kein Mensch glaubt, dass Kinder keine Süßigkeiten mögen, egal, wie viel sie davon gegessen haben. Erbärmlich diese Delegation. Ich behaupte: Sie wollten es nicht merken. Unverzeihlich!

KRANK

Hella lebte weiter in der „Kleinen Festung" und wir sahen uns nur noch an den Besuchstagen, wenn uns unser Vater abholen durfte. Ganz schlimm war, dass wir keine Post von unserer Mutter bekamen und auch keine an unsere Mutter schicken durften.

Ich dachte an die Bombenangriffe in Frankfurt. Fragte mich, ob meine Mutti noch lebte. Wie es ihr ging. Denkt sie noch an mich? Immer, wenn ich ganz große Sehnsucht nach ihr hatte, fragte ich mich, ob sie auch eine so große Sehnsucht nach mir hatte. Ich hatte große Angst, sie zu verlieren, weil sie in ständiger Lebensgefahr schwebte. Nachts hatte ich immer wieder diese Albträume.

Zweimal hatte ich in Theresienstadt umziehen müssen.

Das schien so gewollt zu sein. Es wurde den Angehörigen nichts davon gesagt. Mit der Zeit wusste niemand mehr so recht, wo eine bestimmte Person war, zu der man Kontakt hielt. So verloren wir jeglichen Kontakt zu unserem Cousin Heinz.

Mein Vater wusste jedoch immer, wo Hella und ich waren. Ein Bekannter von ihm hatte Zugang zum Insassenverzeichnis. So blieben mein Vater, Hella und ich wenigstens über unseren Verbleib auf dem Laufenden.

Die Trennung von Hella ging über meine Kräfte. Schon als ich mit Hella und Papa nach Theresienstadt kam, war ich dünn und klein.

Ich wurde schwer krank, bekam Fieber. Ich musste zum dritten Mal umziehen und wurde in eine Krankenstube verlegt, zu anderen kranken Kindern. Ich glaube, wir waren damals sechs oder sieben Kinder in der kleinen Stube. Ich tauschte die eine strenge Aufseherin durch eine andere ein. Die Gesellschaft der anderen Kinder tat mir gut und so konnte ich das Ganze besser ertragen.

Einmal kam ein Arzt in Uniform und verordnete mir Ovomaltine, damit ich wieder zu Kräften kommen sollte. Die Ovomaltine habe ich nie bekommen. Ob die strenge Aufseherin sie für sich behalten hat, ist nie geklärt worden, denn danach zu fragen, hätte ich mich nie getraut.

Obwohl ich ziemlich krank war, war die Verlegung in diese Stube für mich ein Glücksfall. Die Stube lag in einem Haus, das gegenüber dem Gebäude lag, wo mein Vater untergebracht war. Von einem Fenster der Stube konnte ich genau auf das Fenster seines Zimmers sehen. Für mich zu diesem Zeitpunkt wie eine Seligkeit.

Da wir fast die ganze Zeit in dieser Stube eingesperrt waren, ging ich sehr oft zu dem Fenster und schaute hinüber zum Zimmer meines Papas. Manchmal sah ich ihn. Die Aufseherin hatte mir zwar verboten zu winken, aber ich hielt mich nicht daran. Ein Lächeln von meinem Papa, darauf wollte ich nicht verzichten.

Einmal hatte die Aufseherin mir befohlen, den Fußboden mit einer Zahnbürste zu schrubben. Warum ich das tun musste, weiß ich heute nicht mehr. Vielleicht hat sie mich gesehen, als ich meinem Vater zuwinkte, oder einfach nur so, weil es ihr Spaß machte. Damals wurde man oft bestraft ohne richtigen Grund.

Hunger

Mein Vater kam nach seiner Arbeit im Freien in die Küche zum Arbeiten. Von dort brachte er Hella und mir ab und zu etwas „Besonderes" zum Essen mit, was nichts mit Graupen oder Kartoffeln zu tun hatte. Ich hatte trotzdem immer so einen Hunger, ganz entsetzlichen Hunger. Es war für meinen Vater bestimmt nicht leicht, mich hungern zu sehen und nicht genug für mich zum Essen zu haben.

Als ich meinen Vater wieder mal besuchen war, sah ich, dass sich mein Vater und seine Freunde, Leo Sundheimer und Hugo Reis, in der Stube Kartoffelschalen zum Trocknen auf die Fensterbank gelegt hatten. Da es Tabak in Theresienstadt nicht gab, rauchten sie getrocknete Kartoffelschalen. Ein kleines Vergnügen, das ihnen in Theresienstadt blieb.

Die beiden Freunde von Papa hatten uns zu unserer Wohnung in der Uhlandstraße in Frankfurt verholfen. Für Hella und mich waren sie in Theresienstadt mehr als nur die Freunde von Papa. Wir kannten die beiden ja von Frankfurt und sie wurden in dieser schweren Zeit wie Väter für uns. Hella und ich nannten sie Onkel Hugo und Onkel Leo, die für uns sorgten, soweit es möglich war. Für mich ganz tolle und wertvolle Menschen.

Ich bin hin und habe vor lauter Hunger die ganzen Kartoffelschalen gegessen. Ich schämte mich und bekam daraufhin ein so schlechtes Gewissen, dass ich das den Freunden meines Vaters gebeichtet habe.

Keiner hat mit mir geschimpft und Onkel Hugo ging an sein Kopfkissen, holte den Kanten Brot von seiner Ration hervor und gab ihn mir. Mein Vater und seine beiden Freunde waren schicksalsverbunden. Beide waren, wie mein Vater, mit Frauen christlichen Glaubens verheiratet. Onkel Leo hatte eine Tochter und Onkel Hugo einen Sohn. Alle teilten die Sorge um ihre Kinder und ihre Frauen. Mein Vater wusste auch von der Schwangerschaft meiner Mutter. Nur sprechen konnte er mit uns nicht darüber..

Onkel Hugo und Onkel Leo gaben wir damals einen großen Halt und sie haben mich noch lange Zeit nach dem Krieg begleitet, bis zu ihrem Tod.

Oma

In Theresienstadt hat mein Vater seine Mutter im Siechenheim wiedergefunden. Sie war mit meinem Opa am 15. September 1942 in das Ghetto Theresienstadt verschleppt worden.

An einem Besuchstag nahm unser Vater Hella und mich zu unserer Oma mit. Ich habe sie fast nicht wiedererkannt. In Frankfurt war sie eine große stattliche Frau gewesen, jetzt fand ich eine gekrümmte alte Frau vor. Als sie Hella und mich sah, hellte sich ihr Gesicht auf und sie lächelte. Sie rief: »Hella, Ethel, dass ich euch nochmal sehe!« Oma nannte mich immer Ethel. Erst als ich den Namen hörte, in der vertrauten Stimme meiner Oma, da wusste ich es ganz sicher, ich hatte meine Oma wieder.

Als ich allerdings nach Opa fragte, versagte ihre Stimme. Später habe ich erfahren, dass mein Opa drei Tage nach der Deportation gestorben war. Ich habe meine Oma nie mehr nach Opa gefragt, ich wollte keine Wunden aufreißen. Ich habe schnell gemerkt, welche Fragen ich meiner Oma besser nicht stellen sollte. Aber das galt nicht nur bei meiner Oma. Aus den Gesprächen der Erwachsenen bekam ich vieles mit, das geheimnisvoll und bedrohlich war, aber ich konnte und wollte nicht mehr fragen. Diese Einsamkeit und die „große Ungewissheit", was noch alles kommen könnte, war sehr belastend für ein siebeneinhalb Jahre altes Mädchen.

Befreiung

Der Tag vor unserer Befreiung war ein ganz normaler Tag für mich gewesen. Ich legte mich am Abend in meinem Hochbett schlafen und für mich war klar, am nächsten Morgen aufzuwachen und alles geht wieder von vorne los.

Doch ich wurde durch fürchterliche Schreie und Schüsse geweckt, die von der Straße in die Krankenstube heraufschallten. Plötzlich stand eine Frau in der Tür, die ich noch nie gesehen hatte. Sie schrie: »Runter von den Betten, wir werden befreit!«

Es dämmerte zwar erst, aber es war draußen taghell, so als ob bengalisches Feuer gezündet wurde. Von unserem Fenster aus sahen wir, neugierig, wie wir waren, wie die Menschen, die uns jeden Tag drangsaliert und gequält hatten, von Soldaten der russischen Armee abgeführt und mit Lastwagen abtransportiert wurden.

»Wir sind frei!«, hörte ich hinter mir. Mein Vater und Hella standen in der Tür. Ich war sehr froh, die beiden zu sehen. Aber mit dem Wort „frei" konnte ich zunächst gar nichts anfangen. Als mein Vater sagte, ich solle meine Habseligkeiten zusammenpacken, er würde mich, wenn es heller geworden sei, abholen, glaubte ich ihm nicht. Ich hatte das Versprechen – „Ich hole dich bald ab!“ – schon so oft gehört. Ich setzte mich auf mein Bett und dachte, wieder eine Woche, bis du Papa und Hella siehst. Das weiß ich noch wie heute. Es war eine unbeschreibliche Traurigkeit, die mich überkam. Ich weinte leise vor mich hin. Obwohl mein Vater mir sagte, dass er mich bestimmt abhole, dass alles zu Ende sei und wir heimkehren zu meiner Mutti – nein – ich konnte es zu dieser Stunde nicht glauben. Aber diesmal stimmte es. Wirklich!!

Ein paar Stunden später kam mein Papa und holte mich in seine Unterkunft, in der wir in der Zeit bis zu unserer Heimreise nach Frankfurt lebten. Hella, Onkel Leo und Onkel Hugo waren auch da. Wir konnten uns frei bewegen, es gab keinen, der uns beobachtete, ein ganz ungewohntes Gefühl.

Das Hella und ich in der ersten und den darauffolgenden Nächten bei unserem Papa auf seiner Pritsche schliefen und ihn ganz festhielten, ich glaube, das kann sich jeder vorstellen. An viel mehr kann ich mich nicht mehr erinnern. Ich weiß nur noch, dass mein Papa Hella und mich zum Marktplatz mitnahm, wenn er auf der Kommandantur Dinge zu erledigen hatte, die unsere Heimkehr betrafen. Was Hella und ich auf dem Marktplatz trieben, während wir auf unseren Papa warteten, weiß ich nicht mehr. Ich hatte Hella und meinen Papa wieder und ich glaubte ihm jetzt, dass wir bald nach Hause, zu unserer Mutti, kommen würden. Das genügte mir.

Später bekam für mich die Nacht unserer Befreiung auch ein Datum, es war die Nacht vom 7. auf den 8. Mai und ich erfuhr, dass bei unserem Abtransport von Frankfurt nach Theresienstadt der Tag festgelegt wurde, an den wir nach Auschwitz verlegt und vergast werden sollten. Es sollte der 9. Mai sein.

HEIMKEHR

Der Tag unserer Heimkehr verzögerte sich. Die Russen hatten eine Quarantäne angeordnet, denn eine Flecktyphus-Epidemie grassierte im Lager. Viele Menschen starben.

Kaum war die Quarantäne aufgehoben, machte sich mein Vater daran, die Heimreise für uns zu organisieren. Ohne Papiere und Geld war es nicht zu schaffen und mein Papa wollte so schnell wie möglich zu unserer Mutter nach Hause, denn er wusste ja, dass sie bestimmt schon ihr Kind zur Welt gebracht haben müsste.

Wie schon gesagt, warteten wir auf dem Marktplatz, während unser Papa sich an der endlosen Warteschlange vor der Kommandantur für Wiedereinbürgerung anstellte. Wir hielten uns immer in seiner Nähe auf, falls er uns hätte rufen müssen.

Mit etwas Glück traf mein Vater dort auf einen Offizier, der etwas deutsch sprach. So konnte er ihm seine Lage erklären. Er bekam schnell unsere Papiere und etwas Geld. Die Papiere tragen das Datum 6. Juni 1945.

Der Offizier wollte, dass wir uns noch etwas ausruhen sollten, bevor wir die beschwerliche Reise antreten würden. Aber wer in einem Konzentrationslager war, kann sich vorstellen, dass wir so schnell wie möglich nach Hause wollten.

Bevor wir aufbrachen, haben wir noch unsere Großmutter besucht und uns verabschiedet. Sie hatte zuvor meinem Vater gesagt, dass sie jetzt nicht mitkommen wollte, sie wäre eine zu große Belastung für unsere kleine Gruppe, die Kinder seien jetzt das Wichtigste. Sie würde bald nachkommen. Diesmal jedoch war die Trennung von meiner Oma nicht für sehr lange.

Wir haben dann unsere Habseligkeiten zusammengepackt und sind mit einem Leiterwagen losgezogen. Den Wagen hatte mein Vater mit meinen Onkels Hugo und Leo organisiert. Das war auch unsere kleine Gruppe, die sich zusammengetan hatte, um die lange Heimreise anzutreten. Am 7. Juni sind wir aufgebrochen. Hella und ich durften auf dem Leiterwagen sitzen.

Ich weiß noch, es war ein langer, schwerer Heimweg. Ich habe sehr wenige genaue Erinnerungen daran. Die Müdigkeit, die ständige Erschöpfung und ein großer Hunger überdeckten alles. Ich weiß nur, dass Hella und ich immer sehr lange Zeit auf dem Leiterwagen saßen.

Ich kann heute sagen, dass mein Vater und meine beiden Onkel Großes geleistet haben. Die Straßen und Zuwege waren kaputt, das tschechische Geld, das wir auf der Kommandantur in Theresienstadt bekommen hatten, war nicht viel wert. Mein Vater und seine beiden Freunde kannten sich nirgends aus. Nach dem Weg fragen ging nur mit Gesten, denn die drei konnten nur deutsch, was da keiner verstand.

Wenn wir wie verloren dastanden und uns die Menschen betrachteten wie von einem anderen Stern, denke ich noch heute, wie waren wir doch arm dran.

Ich war so müde und hungrig, ich stellte mich zwischen die Beine meines Papas, um im Stehen zu schlafen.

Irgendwie waren wir in einem befreiten Lager gelandet, wo nur Frauen untergebracht waren. Dort konnten wir uns von den Strapazen und der Erschöpfung ausruhen. Dort habe ich zum ersten Mal Bananen bekommen. Und andere Sachen, die ich noch nie zuvor gegessen hatte. Ich fragte immer Hella, ob ich das essen darf, denn ich war so misstrauisch geworden, etwas von fremden Menschen anzunehmen.

Der Leiter des Lagers wollte uns zur Erholung noch einige Tage dortbehalten, aber wir wollten schnellstens weiter, einfach nach Hause, denn der Weg war noch weit.

In einem Camp der Amerikaner in Rentzschmüle fanden wir einen weiteren Ort, wo wir uns stärken konnten. Die Amerikaner gaben uns für eine kurze Zeit Unterkunft und Essen, als sie unsere Geschichte hörten. Wir hatten immer ein bisschen Glück, denn es war oft jemand dabei, der etwas deutsch sprach und uns verstand.

Wir hatten bestimmt noch mehr kleine Haltepunkte auf unserer Rückreise, doch an die kann ich mich nicht mehr erinnern.

Irgendwann kamen wir an einen Bahnhof und konnten mit einem Zug fahren, der uns nach Hanau brachte. Der Zugführer ließ uns ohne Geld mitfahren, als er hörte, woher wir kamen.

Ich weiß noch, dass es fürchterlich geregnet hatte. In diesem Zug waren amerikanische Soldaten. Sie hatten vom Zugführer erfahren, dass wir aus Theresienstadt kommend auf dem Heimweg waren. Der Zug fuhr sehr langsam, ein Soldat kletterte zu uns in den Wagen und gab uns Cadbury-Schokolade, auch etwas, was ich nicht kannte. Auch hier fragte ich erst, ob ich das essen kann.

In Hanau angekommen löste sich unsere kleine Gruppe auf. Mein Vater hatte einen Mann mit einem Lieferwagen gefunden, der Autoreifen geladen hatte. Er fuhr nach Frankfurt in die Hanauer Landstraße, von der aus die Uhlandstraße abging. Er ließ uns mitfahren. Meine Onkel Leo und Hugo trennten sich von uns und versuchten eine andere Mitfahrgelegenheit zu bekommen, da ihre Familien etwas weiter weg von der Uhlandstraße lebten.

Wir hofften und wünschten uns, dass meine Mutter dort noch lebte. Ich konnte vor Müdigkeit kaum noch stehen. Deshalb stellte man mich in einem Stapel Autoreifen und ich schlief auch sofort ein. Der Fahrer brachte uns drei direkt vor unsere Haustür.

Leider verschlief ich das erste Wiedersehen mit meiner Mutter. Als ich alleine in den Autoreifen stehend aufwachte, sah ich, dass meine Mutter an der Ecke stand und sich mit einer Nachbarin unterhielt. Mein Vater und Hella liefen ihr entgegen und umarmten sie. Mein Papa hat mir erzählt, dass meine Mama nach der Umarmung die beiden fragte: »Habt ihr die Kleine nicht mitgebracht?« Da erst holte mich mein Vater aus den Autoreifen heraus. Der Fahrer hatte natürlich gewartet, bis der Letzte von uns „entladen" war.

Ach, war das eine Freude, wieder zu Hause bei Mama – unheimlich schön. Das Haus war Gott sei Dank nicht zerbombt worden und es steht heute noch. Mein Vater meinte, geht schnell nach oben, ihr habt ein Brüderchen bekommen. Jetzt erst erkannte ich, dass die Wäsche, die draußen vor dem Haus hing, aus lauter Windeln bestand. Mein Bruder war am 10. Mai 1945 geboren worden. Den genauen Tag unserer Rückkehr kann ich nicht nennen, jedoch muss es Ende Juli gewesen sein. Ein langer, langer Weg! Meine Onkel Leo und Hugo hatten auch Glück. Sie fanden ihre Familien zu Hause wieder vor.

Wieder Zuhause

Die nächsten Tage bestanden fast nur aus Schlafen und Erzählen, denn wir waren so kaputt von der langen Heimreise und der Zeit in Theresienstadt. Ach es war so schön, wieder zu Hause zu sein. Endlich.

Mein Vater hatte weniger Zeit, sich zu erholen. Sofort begann er für uns eine richtige Wohnung zu suchen und er brauchte Arbeit.

Mit der Zeit setzte das normale Leben wieder ein. Wir bezogen eine neue möblierte Wohnung in der Hügelstraße im Stadtteil Eschersheim. Als wir da einzogen, lagen noch Bilder von Hitler, Göring und anderen Größen des gerade untergegangenen Nationalsozialismus in den Schubladen. Für meine Mutter war das unerträglich.

Mein Vater wurde bei den Stadtwerken eingestellt. Ich kam zur Erholung nach Lugano in der Schweiz. Wieder von zu Hause weg, aber mir ging es dort sehr gut. Ich wurde dort verwöhnt und bekam ganz viel Liebe von der Familie, die mich aufnahm. Aber als die Zeit um war und ich wieder nach Hause kam, dachte ich: „So schnell fahr ich nirgends mehr hin."

April 1946
Einschulung

Die Bäume biegen sich im Wind. Heute ist wieder Schule. Am Tag meiner Einschulung hatte ich meinem Vater gesagt, dass ich da nicht hingehen will. Er meinte, ich müsse doch etwas lernen, das sei wichtig und wenn ich nichts lernen würde, dann würde ich dumm bleiben. Ich sagte, das wird bestimmt wieder so wie in Theresienstadt. Aber er meinte, dass jetzt alles anders ist. Ich bräuchte keine Angst mehr zu haben, die Lehrer seien nett. Ich ließ aber nicht locker und diskutierte immer weiter. Irgendwann meinte mein Papa, dass ich da jetzt hingehen muss, ob mir das passt oder nicht.

Aber trotzdem, ich will nicht in die Schule. Die Lehrerin dort ist ja wirklich nett, aber heute will ich nicht in die Schule. Vielleicht könnte ich mit dem Regenschirm woanders hinfliegen. Das hat beim Fliegenden Robert auch geklappt. Ich bin ja nicht schwer, das klappt bestimmt. Jetzt schnell aus dem Haus, bevor jemand merkt, dass ich den Regenschirm mitnehme.

Der Weg zur Schule führt über die Straße zwischen den Obstplantagen entlang. Da ist auch ein großes Feld, ein guter Platz zum Starten. Ein starker Wind bläst mir ins Gesicht, das ist gut. Es ist noch ein bisschen matschig überall. Aber das macht nichts. Ich spanne den Schirm auf und halte ihn so, dass der Wind hineinfahren kann. Gleich geht meine Reise los.

Edith erzählt vor der Münzenberger-Schule. Sie lacht und meint, dass ihre Lehrerin, Fräulein Laufenberg, ihr eine halbe Stunde später half, die Kleidung und Schuhe vom Matsch zu befreien, denn sie war nicht wie der „Fliegende Robert" davon geschwebt, sondern im Matsch gelandet. Aber das Saubermachen half damals nicht viel. Am Abend gab es eine große Auseinandersetzung mit Mama und Papa.

Edith: »Im April 1946 wurde ich in der Münzbergschule in Eckenheim eingeschult. Ich wollte auf keinen Fall mehr in die Schule gehen. Ich hatte Schule nur in Theresienstadt kennengelernt. Ich diskutierte lange mit meinem Vater, aber so viel Geduld, wie hier nötig war, hatte auch mein Papa nicht. Irgendwann sagte er, dass ich in die Schule müsse!

Der Schulweg von der Hügelstraße zur Münzenberger-Schule war sehr weit. Er führte an freien Obst- und Gemüsefeldern vorbei. Da fuhr kein Bus, keine Straßenbahn, nichts. Wir mussten alles laufen. Meist ging ich gemeinsam mit den Mädchen meiner Klasse, die in meiner Nähe wohnten, den Weg zur Schule. Außer wenn ich meine kleinen Extra-Touren machte. Da ich anfangs keine Lust auf die Schule hatte, bin ich überall herumspaziert, bis ich dachte, jetzt kannst du eine halbe Stunde in die Schule gehen und dann ist es gut. Die Idee mit dem Regenschirm kam mir auch an einem dieser Tage.

Wenn ich mal wieder in der Klasse vorbeischaute, hat meine Lehrerin nichts über mein Fehlen am Tag zuvor gesagt. Sie hat sich gefreut, dass ich gekommen war.

Heimlich hatte ich zu Hause geübt, was in der Klasse im Moment gelernt wurde. Ich zeigte es mal dem Fräulein Laufenberg und sie sagte zu mir, es sei ganz toll und richtig. Ich soll so weitermachen.

Ich bezweifele bis heute, ob das gestimmt hat, was ich da geschrieben habe, aber so hatte sie meinen Ehrgeiz geweckt. Was sie meinen Klassenkameradinnen erzählt hatte, warum ich die ersten Wochen immer zu spät kam, weiß ich nicht. Denn keine hat gemault, warum ich denn das dürfe. Es blieb ihr Geheimnis.

Nach einigen Wochen ging ich natürlich regelmäßig zur Schule, wie alle anderen auch.

Ich verdanke Fräulein Laufenberg sehr viel. Sie war sehr liebevoll und voller Verständnis für mich. Wir hatten damals keine Psychologen und Therapeuten, die sich um uns kümmerten. Wir mussten mit allen unseren Nöten und Sorgen selbst fertig werden. Umso wichtiger war es, dass es Menschen gab, die uns auffingen und uns den Raum gaben, den wir brauchten, wenn wir einmal nicht so recht „funktionierten". Auch mein Vater hat mich sehr unterstützt. Er meinte immer, wenn ich mal wieder fehlte oder eine schlechte Note mit nach Hause brachte: »Den Abschluss schaffst du!« oder »Ist doch nicht schlimm! Das holst du wieder auf!«

Gagernstraße - Bornheim

Edith: »Als wir Ende der 40er Jahre von der Hügelstraße nach Bornheim in die Gagernstraße umgezogen sind, war es wieder ein Wechsel, wo ich dachte so kann es doch nicht weitergehen, immer wieder etwas Neues. Die jüdische Gemeinde hatte in der Gagernstraße im ehemaligen Krankenhaus die Gebäude, die nach dem Krieg noch vorhanden waren, umgestaltet in Wohnungen. Im Rundbau wurden für alte Menschen nach der Rückkehr aus den Konzentrationslagern Zimmer eingerichtet, als Alten-, Wohn- und Pflegeheim. Es steht heute noch. Dorthin kam auch meine Oma. Hella und ich konnten über den Garten einfach zu ihr rüber laufen. In ihrem Zimmer hat sie für ihre Enkel ihre Nudelsuppe gekocht. Dort trafen wir auch Cousin Heinz. Es war fast wie auf der Zeil, als ich mich noch mit Hella und Heinz um den besten Suppenknochen stritt. Oma hat sich riesig gefreut.

Ich war wieder viel bei ihr und habe es bis zu ihrem Tod im Jahr 1950 genossen, die Zeit mit ihr zu verbringen. Oma wurde auf dem jüdischen Friedhof an der Eschersheimer Landstraße beerdigt. Eine Gedenkschrift für Opa ist auch dort.

Wenn ich heute Mut und Kraft brauche, dann gehe ich zu Oma ans Grab und erzähle ihr alles. Dann geht es wieder.

Aber mit dem Umzug musste ich die Münzenberger-Schule verlassen. Mein Vater meldete mich an der Linnéschule an. Als später die Wittelsbacher-Schule nebendran gebaut und fertiggestellt wurde, ging ich dort zur Schule. Wer war da meine neue Rektorin? Das Fräulein Laufenberg.

Hella und ich haben unseren Schulabschluss gemacht und wir haben einen Beruf gelernt. Hella wurde eine tolle Schneiderin, ich wurde Industriekaufmann bei der Frankfurter Rundschau. Zu meiner Zeit waren die Berufsbezeichnungen nur auf Männer ausgelegt. Heute würde es natürlich Industriekauffrau heißen. Aber was soll's.« Edith lacht :-).

»In dieser Zeit lernte ich meinen Mann kennen. Es war eine sehr schöne Zeit mit ihm, die ich nie vergessen werde. Aber sie war viel zu kurz.

Ich arbeitete eine kurze Zeit in Langen und dann in Mainz. Als mein Vater mir vorschlug, dass ich mich bei den Stadtwerken in Frankfurt bewerben solle, tat ich das. Der Weg nach Mainz war immer sehr lang gewesen und ich dachte, wenn du die Stelle bekommst, kannst du in Ruhe nach etwas anderem suchen. Doch die Umstellung von der freien Wirtschaft zu einer Behörde hatte gut geklappt und ich fühlte mich auf meiner neuen Stelle wohl. Fast 30 Jahre war ich dort angestellt.

Wenn man bedenkt, dass ich zunächst Kindergärtnerin werden wollte, aber meine Mutter meinte, es wäre kein so guter

Beruf für mich, ich sollte lieber ins Büro, früher war es so, dass man auf die Eltern gehört hat.

Bevor ich 1997 in Rente gegangen bin, war immer mein Wunsch, ich möchte mal nach Theresienstadt. In all den Jahren, nach unserer Befreiung bis zu diesem Zeitpunkt, war Hella die einzige, mit der ich mich über unsere Erlebnisse an diesem Ort unterhalten konnte. Zuhause bei meinen Eltern wurde in unserer Gegenwart nicht darüber gesprochen. Auch auf Fragen an meinen Vater sagte er uns, auch als wir schon erwachsen waren: „Kinder, lasst es ruhen!" Wir haben es akzeptiert. Aber Hella und ich kamen immer wieder auf dieses Thema zu sprechen.

Es dauerte noch eine ganze Zeit, bis wir unseren Plan umsetzten, nach Theresienstadt zu fahren. Immer wieder verzögerte sich die Fahrt. Gründe gab es genug: keine Zeit, wegen der Arbeit, oder das Geld für die Fahrt. Aber ich denke, wir waren uns dessen bewusst, was auf uns zukommen würde, wenn wir diesen Ort nochmals betreten würden.

Heute weiß ich, dass es gut war, dorthin zu fahren, und außerdem war es gut, es zusammen mit Hella zu machen.«

Edith steht vor mir und ich spüre, dass sie ihre Erlebnisse in der Zeit des Nationalsozialismus niemals loslassen werden. Ich bewundere sie, dass sie ihr Leben aus dieser Zeit jungen Menschen an Schulen erzählt, auch wenn das für sie bedeutet, alles immer wieder durchleben zu müssen. Aber ich habe auch von Edith gehört, was es bedeutet, eine Familie zu haben, die füreinander einsteht. Freunde zu haben, die auch in schwierigsten Zeiten für einen da sind, und Menschen, die sich für jemanden einsetzen, ohne diesen zu kennen.

Edith Erbrich bekam für ihr Engagement gegen das Vergessen am 04. Oktober 2007 das Bundesverdienstkreuz verliehen. Aber an dieses Datum erinnert sie sich nicht wegen der Verleihungszeremonie im Schloss Bellevue, sondern weil ihr Vater an diesem Tag achtundneunzig Jahre alt geworden wäre.

Doch auch ein so positiver und starker Mensch wie Edith Erbrich hat Grenzen. Mit Praktikanten des Campus Mainz und ihrer besten Freundin Ella hat sie vom 01. bis 05. März 2012 das ehemalige Konzentrationslager Auschwitz besucht. Edith wollte eigentlich niemals diese Gedenkstätte besuchen.

Bei einem früheren Besuch in Theresienstadt mit dieser Gruppe kam der Wunsch der Praktikanten auf, dass Edith als Begleitung nach Auschwitz mitfahren sollte. Edith hatte ein sehr mulmiges Gefühl bei der Sache, willigte aber schließlich ein, die jungen Menschen zu begleiten.

In Theresienstadt saßen alle abends in der nahegelegenen Jugendherberge zusammen und besprachen das Erlebte. Es waren für Edith sehr schöne Abende des Erzählens, Nachdenkens und Lachens. Sie fühlte sich jederzeit gut aufgehoben. Edith war sich sicher, dass sie in Begleitung dieser fürsorglichen Menschen den Besuch nach Auschwitz genauso gut überstehen würde wie den Besuch in Theresienstadt. Zudem war Auschwitz für sie unbekannt, dort war sie nie gewesen, konnte mit diesem Ort keinerlei Erinnerungen verknüpfen.

Doch es kam anders. Es waren nicht die großen Verbrennungsöfen oder die Unterkünfte der deportierten Menschen, die Edith an ihre Grenzen stoßen ließen.

Sie betritt einen Raum im ehemaligen unteren Zellentrakt. Dort steht ein Bildschirm, auf dem Filme gezeigt werden. Filme, aufgenommen von Menschen, die andere Menschen in das Konzentrationslager deportierten, gefangen hielten, folterten und ermordeten. Doch ehe sie überhaupt die Bilder sehen kann, hört sie aus dem Lautsprecher des Monitors Geräusche. Schwere Türen fallen krachend ins Schloss. Diese Geräusche kennt sie. Edith kommen sofort Erinnerungen an die eigene Deportation hoch. Sie sieht den Viehwaggon, in den sie einsteigen musste. Sie erlebt die Trennung von ihrer Mutter erneut. In ihr kommt Panik auf. Sie hat nur noch den Wunsch, aus diesem Raum zu fliehen.

Auch die vier Abende, die sie in einer nahegelegenen Jugendbegegnungsstätte Auschwitz verbrachten, verliefen nicht so wie in Theresienstadt. Die Stimmung trübte sich von Abend zu Abend immer mehr ein. Ohne Ella hätte sie diese Reise nicht durchgehalten.

Jede Veranstaltung an Schulen und jeder Vortrag ist für Edith nicht leicht, sie wird jedes Mal mit den schrecklichen Erlebnissen aus dieser Zeit konfrontiert, einer Zeit, die sie am liebsten vergessen möchte. Jede Veranstaltung ist eine Gradwanderung für sie. Bisher hatte Edith alles gut überstanden, doch diese Reise zeigte ihr, dass sie auch Grenzen hat.

Nach ihrer Rückkehr brauchte Edith noch viele Tage, um wieder Tritt zu fassen, ihre Kraft zurückzugewinnen. In ihrer Hilflosigkeit ruft sie Trude Simonsohn an. Trude Simonsohn, ebenfalls eine Überlebende des Holocaust, schimpft mit Edith, dass sie nach Auschwitz gefahren ist. Damals nimmt Edith sich vor, nie mehr zu dieser Gedenkstädte zu fahren.

Doch sie hat aus dieser Zeit auch gelernt, dass wegducken nichts bringt.

Edith: »Wenn ich immer alle Regeln befolgt hätte, hätte ich es nie zu etwas gebracht!« Das wäre ihr Spruch, hat sie mir gesagt. Bei jedem anderen Menschen (mich eingeschlossen) würde ich in diesem Spruch eine mehr oder weniger große Prise Egoismus vermuten. Doch nach all den Gesprächen mit ihr weiß ich, wie Edith es meint.

2019 besucht sie erneut Auschwitz. Sie will für sich noch einiges klären. In Begleitung: Mitglieder der Initiative Auschwitz aus Butzbach und ein Rollstuhl, für alle Fälle.

Edith: »Den Rollstuhl habe ich Gott sei Dank nicht für mich gebraucht. Mit dem konnten wir dann unsere Taschen transportieren.« Sie lacht, als sie das sagt.

Als ich ihr Lachen höre, fällt mir wieder ihr Spruch ein: »Wenn ich immer alle Regeln befolgt hätte, hätte ich es nie zu etwas gebracht!«

Ich weiß, dass sie das alles für uns auf sich nimmt. Uns, die wir nicht dabei waren, damals, als Menschlichkeit, Güte und Mitgefühl nur für bestimmte Gruppen galten.

Fotos & Dokumente

Hella, Edith, Norbert & Susanna
Eine glückliche Familie, obwohl bereits ausgegrenzt.

Oma Paula & Opa Hugo
Edith erlebte glückliche Stunden im Kreis ihrer Großeltern.

Edith, Susanna, Hella
Edith: »Wenn meine Mama gewusst hätte, dass dieses Bild so eine Bedeutung bekommen würde …«

Judenstern

Diesen Judenstern steckte sich Edith in die Tasche, als sie mit Hella Kohle sammeln ging.

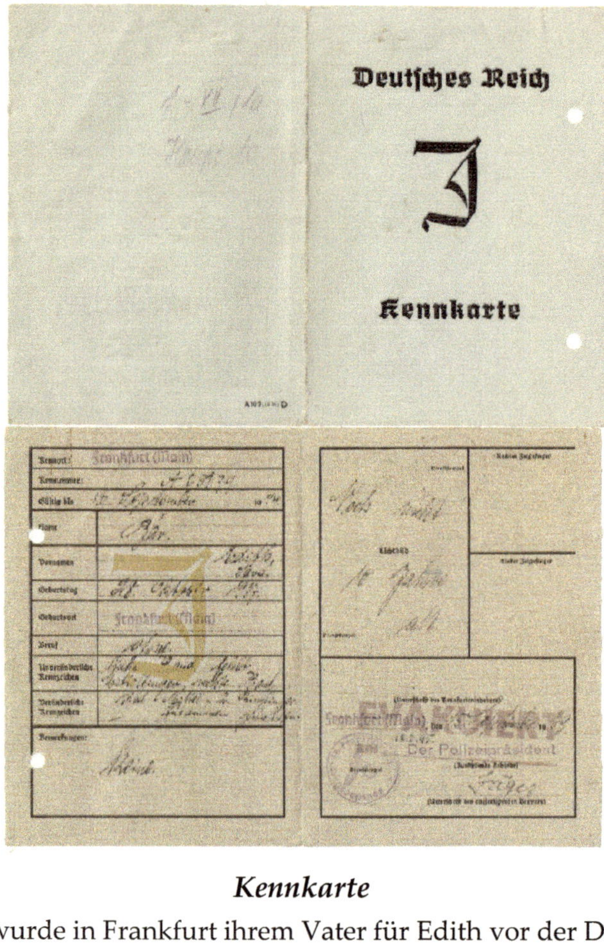

Kennkarte

Diese wurde in Frankfurt ihrem Vater für Edith vor der Deportation übergeben. Laut Dokument am 18. Februar 1945, doch da befand sich Edith mit ihrer Schwester und ihrem Vater schon auf dem Transport nach Theresienstadt.

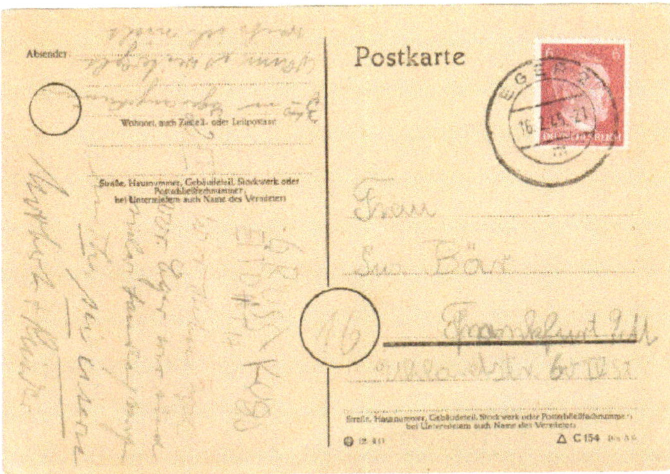

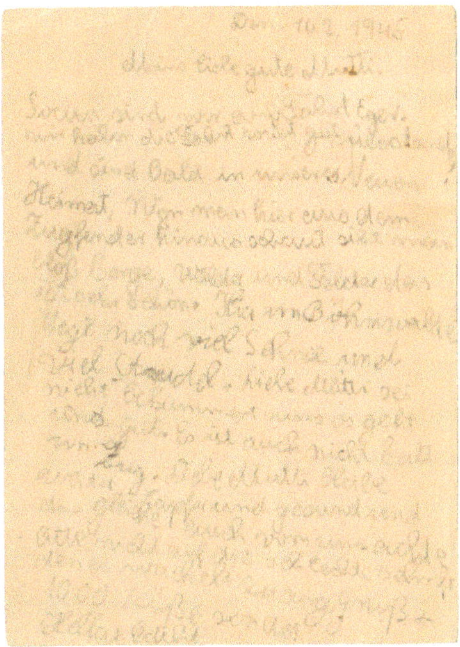

Post von „unterwegs"
Nur eine Postkarte von vielen, die Norbert Bär seiner Frau während des Transports nach Theresienstadt aus einem Viehwaggon schickte.

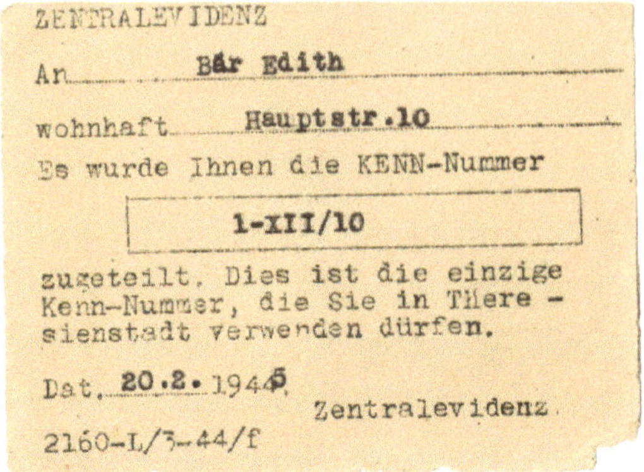

ZENTRALEVIDENZ

An Bär Edith

wohnhaft Hauptstr.10

Es wurde Ihnen die KENN-Nummer

1-XII/10

zugeteilt. Dies ist die einzige Kenn-Nummer, die Sie in Theresienstadt verwenden dürfen.

Dat. 20.2.1945 Zentralevidenz

2160-L/3-44/f

1-XII/10

Ein „Ausweis“, der Edith bei ihrer Ankunft in Theresienstadt ausgehändigt wurde. Ebenso ein kleiner Judenstern aus Metall, mit ihrer Kennnummer darauf, den sie von nun an tragen musste.

Bezugsschein

Von diesem Bezugsschein für Nahrungsmittel blieb nicht viel übrig. Ständiger Hunger war einer von Ediths Begleitern in Theresienstadt.

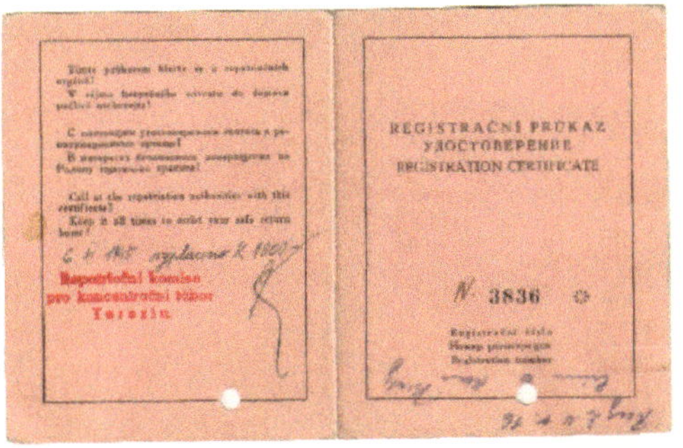

Repatriierungsausweis

Diesen Ausweis bekamen auch Hella und Norbert nach ihrer Befreiung. Dieses Dokument ermöglichte ihnen eine sichere Heimreise nach Frankfurt.

Geld für die Heimreise

Von dem in Theresienstadt ausgehändigten Geld sollte Norbert für sich und seine beiden Töchter Hella und Edith Unterkunft und Essen bezahlen. Doch das Geld war wertlos.

Edith
1947, 2. Klasse

Norbert, Edith, Oma Paula, Susanna, Bruder Norbert und Hella

Edith
1954, Abschlussklasse, 3.v.r.

Edith und Willi

9. Februar 1962 Hochzeit!

Edith beim Bundespräsidenten

4. Oktober 2007,
an diesem Tag wäre ihr Papa 98
Jahre alt geworden, und
Verleihung Bundesverdienstkreuz.

Theresienstadt 2017

Edith steht neben ihrer Pritsche Nr. 32 in Block A in der „Kleinen Festung“ in Theresienstadt. In der Mitte Edith, über ihr schlief Hella, bis sie getrennt wurden.

Theresienstadt 2017

Edith im Kreise von vielen lieben Menschen, die sie unterstützen und tragen. Für Edith ist das sehr wichtig und das gibt ihr die Kraft, sich mit uns zu erinnern.

Stolperstein

Dieser Stein erinnert an Opa Hugo. Am 22. Oktober 2020 werden für die Überlebenden des Holocaust Oma Paula und Tante Fanny ebenfalls Stolpersteine auf der Zeil verlegt.

Hammelsgasse

In der Klapperfeldstraße, nicht weit entfernt von der Zeil, wo Oma Paula und Opa Hugo wohnten, ist das Gefängnis, wo Susanna Bär in Beugehaft genommen wurde. Heute trifft sich die Jugend dort.

Uhlandstraße 60

Die zwei kleinen Mansarden gibt es nicht mehr. Daraus entstanden geräumige Wohnungen.

ENGAGEMENT

Studienkreis Deutscher Widerstand 1933-1945

Edith: »Ohne den Studienkreis hätte ich meine Tätigkeit als Zeitzeugin nicht begonnen.«

Auschwitz 2019

Edith mit Mitgliedern der Initiative Auschwitz aus Butzbach. Ein Rollstuhl ist mit dabei, für alle Fälle.

Auschwitz 2019

Edith an der Erschießungsmauer.
Zum Gedenken legt sie einen Stein in die Ritze der Mauer und stellt drei Kerzen auf.

Premiere „Die Kinder der toten Stadt" im Musiktheater Papageno am 5. April 2019

Ohne engagierte Menschen wären viele besondere Momente nicht entstanden. Hier beispielhaft die Aufführung des Musikdramas „Die Kinder der toten Stadt" im Musiktheater Papageno, das sich mit dem Schicksal der Kinder im Konzentrationslager Theresienstadt befasst. Edith bedankt sich bei den jungen Schauspielern für die Aufführung. Edith und ich möchten uns bei den Besitzern des Musiktheaters Papageno, bei Hans-Dieter und Renate Maienschein bedanken, die sich nicht nur finanziell, sondern auch sehr emotional gegen das Vergessen engagieren.

Besuch aus Theresienstadt

Ein guter Freund kam zur Premiere des Theaterstücks extra nach Frankfurt. Dr. Blodig, leitender Direktor vom Ghettomuseum Theresienstadt.

ERINNERUNGSSTÄTTE AN DER FRANKFURTER GROẞMARKTHALLE

Die Gleise
endeten 1945 nicht hier.

Geschichte

Einige Momente von Ediths Leben sind, neben vielen anderen, hier zu finden.

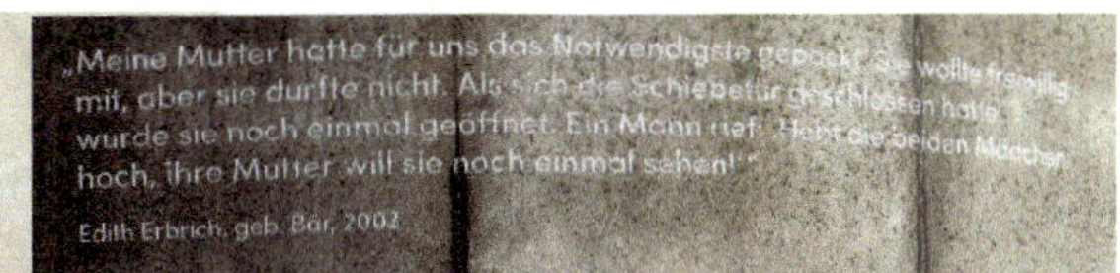

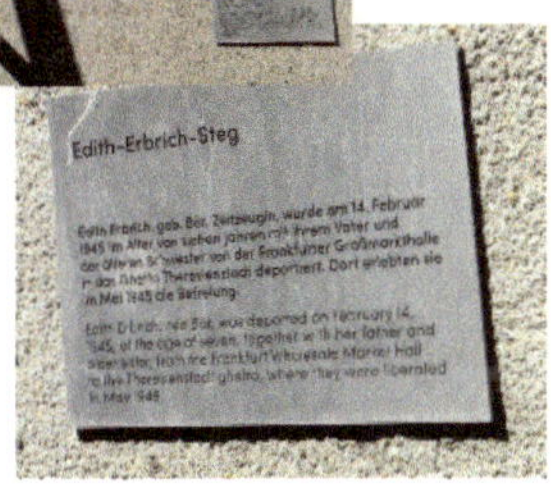

IMPRESSIONEN „ERINNERUNGEN“ MIT EDITH ERBRICH

„Erinnerungen“

lebt durch Ediths Erzählungen.

„Ich hab‘ das Lachen nicht verlernt.“

Jeder, der Edith gehört hat, weiß, dass das nicht einfach so daher gesagt ist.

„Entkommen“

erzählt Ediths Versuch der Schule zu entfliehen.

Jung & Alt

sind die Gäste, die Edith zuhören. Am Ende der Veranstaltungen entstehen viele Gespräche. Man spürt, es gibt noch viel zu klären.

Gut, dass Edith unter uns ist.

Kurzes Nachwort

Ich fühle mich geehrt, dass Edith zusammen mit mir dieses Buch erstellt hat. Es ist hauptsächlich während der „Corona-Krise“ entstanden. Und es wurde für mich sehr intensiv, gerade weil es in dieser Zeit entstand. Ich hatte das Glück, dass ich während des Schreibens immer und zu jeder Zeit Edith anrufen konnte (treffen durften wir uns ja nicht) und sie war zu Hause. Es waren sehr berührende Momente darunter, wir haben gelacht und wir haben auch miteinander geweint. Manchmal rief ich sie fast dreißig Mal an einem Tag an.

2019 und die vielen Jahre davor, Edith und ich kennen uns seit dem Jahr 2012, hätte ich diese Möglichkeit nicht gehabt. Allein 2019 hatte sie über fünfzig Termine (teils mehrtägige), an denen sie Vorträge an Schulen, Abendveranstaltungen und Gedenkfeiern hielt. Sie erreichte nur in diesem einen Jahr 2019 an unseren Schulen fast 5000 Schüler. Seit über zwanzig Jahren ist Edith nun schon für uns unterwegs. Tolle Sache!

Ich darf sagen, dass sich von unserem ersten Kennenlernen, über die vielen Treffen zum Kaffeetrinken (ab und zu war auch ein Eis essen dabei :-)) und Veranstaltungen, die Edith mit mir machte, eine richtige Freundschaft entwickelte.

Ich kann mich noch gut an meinen ersten Besuch bei ihr erinnern. »Wie sprichst du sie an?«, »Musst du dich besonders benehmen?« oder »Darf ich überhaupt lachen in ihrer Anwesenheit?«.

Doch wer Edith kennt, weiß, dass sie unkompliziert ist, geradeaus und viel Humor hat. Und so war es auch bei meinem ersten Besuch. Wir redeten und lachten viel, der Kaffee wurde kalt, der Kuchen blieb unberührt und ich wusste in diesem Moment, wie wichtig es ist, Edith und den Menschen zuzuhören, die die Zeit des Nationalsozialismus miterlebt haben. Das kann kein Buch leisten, auch dieses nicht. Deshalb ist für uns Ediths Engagement so wichtig und unersetzbar. Und sie versteht es, andere zu motivieren und so mitzunehmen in eine dunkle Zeit, dass keine Schuldgefühle entstehen, sondern die Erkenntnis wächst, dass es alleine an uns liegt, dass diese dunklen Zeiten nur in der Vergangenheit existieren und dort auch bleiben.

Mal sehen, ob Edith mal wieder Zeit zum Kaffeetrinken hat. Ich rufe sie mal an ;-).

Hans-Josef Rautenberg

(Hans-Josef Rautenberg)